AF325929

CORRESPONDANCE

ENTRE M. C***.

ET

LE COMTE DE MIRABEAU,

Sur le RAPPORT de M. NECKER, et sur l'ARRET DU CONSEIL du 29 Décembre, qui continue pour six mois, force de monnoie au Papier de la Caisse-d'Escompte.

« Il est devenu difficile de tromper long-temps les hommes dans toutes les dispositions publiques où leur fortune est intéressée ; & si c'est une grande faute du cœur que de le vouloir, c'est aussi une grande erreur de l'esprit que d'y prétendre ».

(De l'Administration des Finances par M. Necker, édition in-8°., tome III, chap. XXVI : *sur les billets de banque & sur la Caisse-d'Escompte.*)

1789.

J'ai beaucoup héfité à laiffer rendre publique cette Correfpondance, & ce ne font pas des raifons d'amour - propre qui m'arrêtoient. Ma règle de conduite à cet égard, eft qu'en général les Lettres qu'on nous écrit, font un dépôt dont la fufcription indique le dépofitaire. Mais outre que celles qu'on va lire traitent uniquement de principes généraux & d'affaires publiques; outre qu'elles ne peuvent que faire honneur à l'efprit de celui qui les a écrites, & lui donner de la faveur de tout genre; outre que je ne le nomme point, je fais que notre difcuffion eft ébruitée, & que je paffe pour l'avoir provoquée, moi que la Lettre inattendue de M. C*** eft venue chercher, & qui m'étois impofé de ne rien écrire fur les queftions du moment. De là à me prêter d'autres opinions que les miennes, la diftance eft petite. J'ai cru que cette circonftance m'autorifoit, me néceffitoit même à publier cette correfpondance toute hâtée, toute incorreéte, toute incomplète qu'elle foit.

Une autre objeéction s'eft préfentée à mon efprit. Devois-je, dans des temps fi orageux, proférer des doutes publics fur l'adminiftration du Miniftre des Finances ? Un moment de réflexion m'a bientôt décidé. M. Necker eft évidemment appellé à propofer à l'Affemblée nationale un fyftême de finance. Dans les crifes modernes de la France & de prefque tous les autres États de l'Europe, des Empyriques ont propofé de créer du Papier - monnoie; & l'autorité de M. Necker eft bien faite pour redonner du crédit à ce fyftême. Il importe donc à la chofe publique, que la Modérateur des Finances fe trouve dans la néceffité de développer la théorie d'après laquelle il a pu rendre l'Arrêt du Confeil du 29 Décembre 1788, qui continue force de monnoie au Papier de la Caiffe-d'Efcompte. Un tel objet d'utilité l'emporte beaucoup fur le fcrupule bannal de nuire à la popularité du Miniftre des Finances, fcrupule qui ne repofe fur aucune bafe raifonnable, puifqu'il eft toujours d'une fuprême importance de favoir la vérité fur les Miniftres, & fur-tout lorf-qu'ils font très-influens. Enfin, on verra, par la lecture de ces Lettres, que la création du Papier-monnoie eft dans mes principes une queftion de conftitution, & qu'ainfi il n'y a pas un moment à perdre pour la traiter.

CORRESPONDANCE
DE M. C***.
ET
DE M. LE COMTE DE MIRABEAU.

LETTRE DE M. C***.

Ce 2 Janvier 1789.

JE ne puis m'empêcher, Monsieur, de discuter avec vous pendant une ou deux minutes le grand objet sur lequel notre opinion diffère. Je veux parler du caractère de M. Necker. Vous avez lu sûrement le *Résultat* qu'il vient de publier, & vous êtes un des hommes les plus capables d'en juger profondément. Je vous assure, Monsieur, que je me suis dégagé de toute prévention favorable, & qu'à chaque ligne j'ai été forcé de reconnoître ce que vous appellez si bien la puissance du talent & la toute-puissance du caractère. J'ai été

A

frappé de la fimplicité majeftueufe du ftyle ; de la liaifon vigoureufe des principes, & de cet art vertueux & magnanime qui, fans bleffer les intérêts, les repouffe chacun dans fes juftes limites. Il me femble que c'eft-là tout ce que pouvoit faire, dans le défordre général, l'ami de l'ordre, le Miniftre de la Nation, en un mot, l'Homme public. Pardonnez - moi, Monfieur, de vous expofer mes fentimens avant de confulter les vôtres. Je craindrois que ma demande même ne vous fût fufpecte, fi je ne vous euffe pas tenu en tout temps le langage libre & franc que je tiens aujourd'hui. Les opinions font indépendantes ; les défiances font naturelles. Ainfi, pour peu que vous conferviez des dernières, contentez-vous de lire dans ma penfée, fans me laiffer lire dans la vôtre. Si je n'étois pas retenu chez moi depuis quatre femaines par la fièvre, je ferois allé, non pas interroger, non pas épier, mais entendre & agiter votre opinion fi intéreffante pour la mienne. Cette même fièvre, qui m'enchaîne dans mon lit, m'enchaîne dans l'inaction. J'ai été forcé d'interrompre ce Mémoire fur le Clergé , entrepris avec courage , & qui alloit être publié. C'eſt dans ce Mémoire que j'ai pris la liberté de citer une page preſque entière de votre impériſſable Monarchie Pruſſienne. Vous me défendrez, j'eſpère , contre l'Epiſcopat : je le prends depuis la crêche juſqu'au Trône ; je développe tout ſon ſyſtême de ruſe & d'uſurpation , & je démontre que l'Egliſe Romaine n'eſt que le Sénat Romain en toge épiſcopale , trompant les Nations , dé‑ pouillant les peuples , & faiſant de l'Evan‑ gile le livre des Sybilles.

Agréez, Monſieur, tous mes hommages ; & ſi vous trouvez mes premières diſcuſ‑ ſions indiſcrettes , prenez que je n'aie rien dit.

RÉPONSE DU COMTE DE MIRABEAU.

3 Janvier 1789.

IL faudroit être injuste & même ingrat, Monsieur, pour ne pas convenir que le *Résultat* est un grand bienfait pour la Nation ; qu'il lui donne un grand élan ; qu'on n'avoit pas droit d'en attendre autant d'un Ministre François, ni sur - tout d'espérer qu'on parviendroit à donner à toute cette doctrine la sanction du Conseil du Roi.

Maintenant si je pouvois me résoudre à passer aux détails & à gâter votre jouissance & la mienne, je trouverois bien des taches dans cet écrit, d'ailleurs très-digne d'indulgence, en raison des circonstances, des occupations de l'homme, de ses embarras en tout genre, & de l'extrême besoin qu'il avoit de concilier les inconciliables ; j'y trouverois quelques principes faux, quelques vacillations inquiétantes, quelques omissions très - graves, quelques inconvenances très-choquantes. Je noterai un petit nombre d'exemples à l'appui de ces affertions.

La foi publique paffée fous filence ; & cette affectation a été bien remarquable. — Omiffion du genre le plus grave.

La grande QUESTION *élevée fur les Lettres de cachet....... Quelle règle doit être obfervée* DANS CETTE PARTIE DE L'ADMINISTRATION..... *Quelle* MESURE *de liberté il convient d'accorder à la preffe.* — Queftions qui ne peuvent partir que de principes faux & même odieux, puifqu'elles fuppofent que dans un fyftême de conftitution la légitimité des Lettres de cachet peut être *mife en queftion ;* qu'elles peuvent faire *partie de l'adminiftration,* & que *la publicité des ouvrages relatifs, foit aux Miniftres, foit au Gouvernement, ou à tout autre objet public,* peut être foumife à une inquifition.

La difcuffion relative au droit du Tiers de choifir fes Repréfentans dans les autres Ordres, l'affectation très - fufpecte d'une précaution collufoire, d'éviter ce grand débat : OPINERA-T-ON PAR TÊTE OU PAR ORDRE ? Débat qui divise la Nation, & qui, si l'on n'y prend garde, nous donnera la guerre civile : cette affectation enveloppée avec astuce, de supposer, sans oser le prononcer formellement, que l'état ancien *autorise* & nécessite le mode d'opiner par Ordre ; ce qui rendroit entièrement illusoire & fictif le bienfait de la bonne proportion ; enfin, & sur-tout les SI redoutables, presque menaçans, & peut-être, hélas ! prophétiques qui terminent ce discours mémorable. — Voilà, je crois, plusieurs exemples de vacillations, & certainement il n'y a pas d'humeur à en parler ainsi.

Pour ce qui est des inconvenances, je citerai celle qui m'a le plus heurté dans cet écrit, d'ailleurs en général très-adroit. Sous aucun rapport la Reine ne devoit être-là. Il n'y a qu'une Majesté dans le Royaume ; & je trouve irrespectueux de prononcer le mot *Reine* dans une Monarchie où les Reines ne peuvent jamais être Rois. Le nôtre, respectable dans ses intentions, in-

téreffant dans fes malheurs, perfonnelle-
ment en poffeffion de la confiance publique, n'a befoin ni de cautions ni de ga-
rans. La Reine, fon augufte Compagne,
eft faite pour le délaffer des foins du Trône,
pour embellir fa vie, pour verfer le bonheur au fein de fa famille, & non pour
être impliquée dans les affaires de l'Etat.
Lorfqu'elle a voulu que le plus beau des
Arts la repréfentât environnée de toutes
fes grâces, de tous fes droits, c'eft au milieu de fes enfans qu'elle s'eft fait peindre,
& non le globe à la main, ou la carte
de la France fous les yeux.

Quant au ftyle, mérite bien indifférent
au refte dans un tel ouvrage, je l'ai trouvé
commun, impropre, entortillé. J'excepte
ce bel *alinea* fur les compenfations que le
Roi trouvera de la diminution de fon autorité arbitraire, ou plutôt de l'autorité mi-
niftérielle. Admirez la puiffance de la vérité
& de la loyauté. Là, M. Necker a été libre
& pur ; là auffi il a été noble, élevé,
éloquent. Par-tout ailleurs il eft très-foible,
fi vous exceptez ce trait de génie que peut-

(8)

être auffi pourroit-on placer parmi les inconvenances, la défaveur auprès des deux
premiers Ordres peut perdre facilement un
Miniftre ; les mécontentemens du troifième
n'ont pas cette puiffance, mais ils peuvent
perdre les Rois.

Encore une fois, je fuis févère, Monfieur ; mais je ne fuis ni injufte ni ingrat ;
je conviens que les taches difparoiffent
devant l'éclat d'une œuvre fi nationale ; &
il faut que je le fente bien pour garder le
filence fur l'exécrable Arrêt du Confeil,
qui, le jour de la publication du réfultat,
a continué force de monnoie au papier de
la Caiffe-d'Efcompte. Souffrez que je vous
le dife : M. Necker eft, en cette occafion,
comme Henri VIII, qui ne faifoit jamais
pendre un Catholique fans un Proteftant,
pour ménager l'équilibre. S'il nous édifie
par la bonne proportion, il nous corrompt
& nous ruine par le papier-monnoie. Ceux-
là feuls qui n'ont point réfléchi fur cet objet
ne s'en indigneront pas ; car le papier-
monnoie n'eft pas moins un opprobre qu'une
calamité ; les conféquences politiques en

font auffi fatales que les conféquences mo-
rales en font déteftables : & certes le Miniftre , qui protège par la force la faillite
frauduleufe d'une Société en commandite
qui agite trois cents millions dans fa circulation, eft très-foupçonnable de tenter,
par une collufion perfide , d'accaparer tout
le numéraire du Royaume au Tréfor Royal,
d'effayer de fe paffer de la Nation pour
alléger la dette publique , & de fe préparer
les moyens de reculer les Etats généraux,
de les rendre inutiles , ou tout au moins
de les fubjuguer. Voilà , Monfieur , ce
qu'avec un peu de talent & d'inftruction
on rendroit très-palpable, très-élémentaire,
fi l'homme de la bonne proportion ne pa-
roiffoit pas dans ce moment un homme
facré.

Je réponds à votre confiance, Monfieur;
vous le voyez, & je dis tout , non-feulement fans crainte, mais avec plaifir. D'a-
bord j'ai trop bonne opinion de vous pour
héfiter. Enfuite on cherche en vain à me
perfuader que M. Necker & fes amis s'effor-
cent de m'exclure de l'Affemblée natio-

nale. Je ne crois pas cela. M. Necker eſt
trop au-deſſous de ſes circonſtances & de
lui-même, ſi, dans ces momens de régénération & de criſe, il ne plane pas au-
deſſus des reſſentimens perſonnels & des
ſouvenirs haineux. Il eſt mal aviſé, s'il
doute qu'on ne pût analyſer ſes opérations
& ſes ouvrages d'une manière redoutable
même à ſa popularité. Ses amis ne ſavent
pas lui déplaire pour le ſervir, s'ils lui
taiſent que les ménagemens raiſonnés du
Comte de Mirabeau, dans l'Aſſemblée nationale, lui vaudroient mieux que ſon op-
poſition hors de cette Aſſemblée. Enfin,
& en tout état de cauſe, je ne me tiendrois
pas pour exclus, parce que M. Necker
auroit voulu m'exclure. Quoi qu'il en ſoit,
je deſire paſſionnément d'être aux Etats
généraux. Je ne crois point que j'y fuſſe
inutile, & je me flatte de n'avoir pas dé-
mérité d'être à mon poſte de citoyen au
jour de la conſtitution. Mais j'échouerois,
que je n'en ferois pas moins l'ardent promoteur de la reconnoiſſance publique, pour
qui nous aidera à nous conſtituer; l'intré-

pide souléveur de l'opinion publique contre qui tenteroit de nous arrêter. Je n'ai donc personne à craindre, & personne de sincère ne doit me craindre. Voilà en deux mots ma profession de foi.

Si j'avois su que vous fussiez malade, j'aurois assurément été vous voir. Maintenant je touche à mon départ pour les Etats de Provence, & je serai plus d'un mois absent. Puissai-je retrouver vous bien portant, votre Ouvrage couronné du succès que mériteront votre talent & votre courage, & le grand œuvre de la constitution aussi avancé qu'il peut l'être ! *Vale & me ama.*

LETTRE DE M. C***.

Ce 3 Janvier 1789.

SANS flatterie, sans foiblesse même, je suis enchanté, Monsieur, de votre Lettre ; elle est, comme disoit Cicéron des Lettres de Brutus, un bataillon de pensées rangées & armées. Je ne les applaudirai cependant pas toutes : je blâmerai même avec liberté celles que le soupçon ternit encore. Au nom de votre génie, ne soupçonnez plus le Génie ; accusez les circonstances, excusez les omissions & les obscurités, & les vacillations même. Quand on auroit sa tête dans le ciel , les vapeurs qui s'élèvent de toutes parts y monteroient. Quant à vous , Monsieur, & à votre juste prétention sur les Etats généraux , je ne doute pas que vous ne soyez satisfait. Certainement vous êtes un adversaire formidable ; mais vous êtes citoyen ; vous êtes philosophe ; vous avez quelque chose de mieux : vous êtes trop grand pour être jamais l'instrument d'un parti, & trop éclairé pour en être la dupe.

Comment ces partis aveugles & fourbes en même-temps pourroient-ils tromper & pervertir vos lumières ? Comment, destiné à jouer un rôle illustre, pourriez-vous en jouer un équivoque, & troquer des triomphes durables contre des succès momentanés & honteux ? Une preuve que je crois à votre ame, c'est que je m'y suis confié ;

c'eſt que je m'adreſſe à elle ; c'eſt que je ſouhaite, de toute la mienne, que vous ſoyez élu. Nous nous verrons au champ de Mars, vous, Monſieur, comme un héros choiſi, moi, comme un ſoldat obſcur, mais volontaire. Recevez, je vous ſupplie, tous mes hommages & tous mes remercîmens pour votre Lettre franche & digne de nous deux : car je l'ai lue avec orgueil.

RÉPONSE DU COMTE DE MIRABEAU.

4 Janvier 1789.

JE reçois, en rentrant, votre aimable Lettre, Monſieur : vous êtes bien indulgent pour un billet très-hâté, où je n'ai que jetté quelques idées ſans deſſiner aucun trait, & je ne dois votre prévention qu'au ſentiment de généroſité qui vous a fait incliner pour l'homme dont les opinions heurtoient ſi loyalement les vôtres. Quelle que ſoit la ligne de démarcation qui ſépare vous & moi de la vérité,

M. Necker eſt en bon terrein pour réſoudre mes doutes; car le jour approche où l'on ne pourra , ni manquer la conſidération, ſi on la mérite, ni garder celle qu'on auroit uſurpée ; & pour me ſervir d'une des plus heureuſes expreſſions de M. Necker lui-même (préciſément à propos du Papiermonnoie), expreſſions où je ſouhaite qu'il ne trouve pas tôt ou tard ſa condamnation. « Il eſt devenu difficile de tromper long » temps les hommes dans toutes les diſ » poſitions publiques où leur fortune eſt » intéreſſée ; & ſi c'eſt une grande faute » du cœur que de le vouloir, c'eſt auſſi » une grande erreur de l'eſprit que d'y » prétendre ».

Mais duſſé - je renoncer aux défiances que vous m'invitez à dépoſer, & qui ſont pourtant, dans nos circonſtances, le feu ſacré, à la conſervation duquel doivent veiller les bons Citoyens, je n'en ferois pas moins convaincu que le Papier-monnoie qu'a oſé créer M. Necker, eſt un grand mal, un mal irréparable, un mal qui ſera infailliblement fatal à ce Miniſtre lui-même ; car il eſt des erreurs que l'on ne peut plus commettre impunément ; & au défaut des principes, le ſort de tous ceux qui ſe ſont permis cette manœuvre, auroit dû l'effrayer. Prenez garde, en effet, que M. Necker eſt ſans excuſe poſſible. M. d'Ormeſſon avoit celle de l'inexpérience ; M. de Sens, celle du trouble de ſes derniers momens ; mais Monſieur Necker, qui doit ſon incroyable fortune à l'idée qu'on a conçue de ſon talent en finances ; M. Necker, qui ſe trouve avoir reçu gratuitement la grande leçon qu'a donnée M. de Calonne, en 1783 ; M. Necker, qui a écrit ſur cette cataſtrophe de 1783 : *Il faut tirer le rideau ſur cet événement, que la moindre circonſpection, que la moindre prévoyance, de la part du Tréſor-Royal, eût prévenu ; mais on voulut profiter inconſidérément des ſecours que la Caiſſe-d'Eſcompte pouvoit fournir ; & les Adminiſtrateurs de cet établiſſement n'eûrent, ni la prudence, ni la fermeté néceſſaires pour remplir convenablement les devoirs de leur place.* Et ailleurs : *Ce qu'il*

faut craindre le plus dans les Etats monar-
chiques, ce font les efforts de l'autorité
contre tout ce qui l'importune ; car elle
n'obferve pas toujours, dans fon action,
la mefure & le ménagement convenables ;
mais le Gouvernement eft trop nouvellement
inftruit, par l'expérience, pour qu'on puiffe
fe défier fi-tôt de fa prudence. Et ailleurs :
Il n'y a nulle proportion entre les fecours
momentanés que l'Adminiftration pourroit
tirer d'une avance extraordinaire, & les
inconvéniens qui réfulteroient de l'altéra-
tion du crédit d'un établiffement fi utile.
Et ailleurs : *Les établiffemens fur-tout où*
le moindre abus en retrace fi facilement
d'autres plus grands, & qui ne font point
effacés de la mémoire, exigent encore plus
de circonfpection. Et ailleurs : *Il faut ac-*
corder quelque confiance aux progrès des
lumières ; l'ignorance d'un temps n'eft pas
celle d'un autre, & fouvent c'eft ce qu'on
a fait une fois qu'on ne peut plus tenter.....
M. Necker, qui, après avoir écrit toutes
ces chofes, a eu quatre mois devant lui
pour préparer la rénovation du crédit de

la

la Caisse-d'Escompte; M. Necker, qui ne craint pas d'avouer dans cet Arrêt du Conseil, rendu, affiché, exécuté, mais non pas publié & distribué, que, « par le re-
» tour graduel de la confiance, & par la
» conduite circonspecte des Administra-
» teurs de la Caisse-d'Escompte, le nu-
» méraire effectif de cette Caisse a pris
» un accroissement journalier ; & que ce
» numéraire est tel aujourd'hui, que l'on
» pourroit raisonnablement rétablir le
» cours ordinaire des paiemens, inter-
» rompu par l'Arrêt du 18 Août dernier : »
ce qui revient précisément à déclarer que c'est au moment où la Caisse-d'Escompte est en état de remplir ses engagemens, & où il étoit *raisonnable* qu'elle les remplît, que M. Necker l'en dispense. Qu'allé-guera-t-il pour se justifier? N'a-t-il pas prononcé lui-même, qu'*il n'a ni circonspec-tion, ni prévoyance; qu'il a indiscrètement abusé de cet établissement; qu'il a foulé aux pieds les loix qui l'importunoient; qu'il prêche selon les temps & les lieux,* puisqu'il donne aujourd'hui ces mêmes Ad-

B

miniftrateurs qu'il a livrés au blâme public
dans fon grand Ouvrage; *que le progrès des
lumières enfin lui a été inutile?* En effet,
l'orgueil eft ftationnaire, & croit aifément
que les principes mêmes doivent céder à
fa volonté, à fa convenance, à fa préfcience,
à fon omnifcience.

Ah! que M. Necker fera bien de tâcher
d'être un homme d'Etat! car voilà fa réputation de Financier, fur laquelle vous
n'ignorez pas que, depuis long-temps, je
fais à quoi m'en tenir, voilà fa réputation
de Financier irrémédiablement perdue; &
tous les jours il fentira mieux les entraves
qu'il s'eft données. Qu'il nous conftitue
donc, Monfieur, & qu'il obferve bien
qu'en ceci il aura & des juges févères,
puifqu'on l'a demandé pour régir nos Finances, & non pour nous conftituer; &
beaucoup plus de juges, foit parmi les
adeptes, foit parmi toutes les claffes des
Citoyens; car il femble qu'il ne faille
qu'être François pour avoir la prétention
ou même le droit de juger ce qui nous
convient en fait de conftitution, au lieu

que notre folle légèreté avoit dédaigné jufqu'ici la fcience qui pourtant renferme les premiers agens de la puiffance, de forte que nous allouyons aifément les prétentions en Finances. Qu'il fonde fon terrein, qu'il affure fa marche, que fur-tout il manifefte & développe fes deffeins ; car il fera très-furveillé ; & il n'eft pas certain que la pureté de fes intentions fuffife pour l'abfoudre, même dans l'efprit de ceux qui croiront à cette pureté, des faux pas qu'il feroit dans cette carrière ardue & gliffante.

Quant à moi, Monfieur, puifque votre bonté me nomme encore à côté des deftinées de la Nation, dans cette belle époque, vous avez raifon de croire que je ne ferai jamais, ni la dupe, ni l'inftrument d'un parti..... Un parti ! En eft-il donc pour qui fe refpecte, un autre que celui de la Nation ? Eh ! quel prévaricateur affez lâche, quand il peut s'honorer d'un tel client, penferoit à prendre un patron quelconque ? Ah ! ils connoiffent bien peu, & les erreurs de ma vie, & les défauts de mon efprit ou de mon caractère, ceux qui croient que j'aurois pu réfifter à mes propres fautes & à celles des autres, fi je n'avois eu pour éternel appui le courage de la bonne-foi, & la candeur de mon amour pour le bien public & la vérité.

LETTRE DE M. C***.

Ce 4 Janvier 1789.

MALGRÉ ce que vous reprochez, Monfieur, à l'Auteur du *Réfultat*, votre Lettre m'avoit charmé, édifié. Je venois d'entendre des adverfaires, non-feulement lui faire les mêmes reproches, mais encore lui refufer les éloges que vous lui accordez loyalement, & en Citoyen, & en connoiffeur. L'indignation que m'avoient infpirée d'injuftes cenfeurs, fe tourna en reconnoiffance pour vous; car il faut que je l'avoue, fans connoître M. Necker, fans être connu de lui, fans dépendre de fon autorité, ni par aucune efpérance, ni

par aucune prétention , je suis son enthousiaste , son panégyriste ; & , ce qui est de
trop peut - être , son défenseur en toute
occasion. Avec la même franchise que je
vous déclare , Monsieur , ma prévention
dominante , je vous dirai que je ne conçois
pas l'Arrêt du Conseil , concernant la
Caisse- d'Escompte. Si un mortel me paroît
mériter la foi humaine , c'est lui. Pourquoi
donc cet acte , qui semble presqu'infidèle
ou du moins imprévoyant? Tout le monde
m'assure que les Administrateurs ont sol-
licité , ont arraché cette prolongation ,
selon eux , indispensable. On m'assure que
la perception des deniers ne se fait point
en Province. Les troubles , les dérange-
mens de toute espece ont presque tari la
source de l'argent. Au lieu d'affluer à
Paris, il reflue vers les Campagnes, où tout
est dans une disette effroyable. La puissance du Roi, celle même du Génie, ne
sauroient vaincre la puissance des Elémens
déchaînés contre la France, & ligués avec
les factions pour la détruire. C'est sous
cet aspect que j'envisage l'irrégularité d'une

B 3

Adminiſtration qu'il m'eſt impoſſible de taxer d'ignorance, ou de foupçonner d'in-juſtice. Le temps dévoilera ce myſtère, & abſoudra Caton. Comment croirai-je que l'homme qui connoît le mieux les prin-cipes du crédit, qui a fait le plus de preuves de conſtance & de ſageſſe, qui a un œil ſans ceſſe ouvert ſur le Public, & qui voit le Public fixer ſans ceſſe ſes yeux ſur la moindre de ſes opérations, en hafarde une ſi équivoque, ſi elle n'eſt pas néceſſitée par des circonſtances irréſiſtibles, ou liée à des reſſources qui en répareront toutes les conféquences fâcheuſes? Un homme, tel que M. Necker, fait perdre ſa place plutôt que ſa réputation & ſa vertu. Enfin, je croirai plutôt que toutes les têtes ſont tournées que la ſienne n'a varié. Appellez-moi ſans tête moi-même, j'y confens; ce qui eſt certain, c'eſt que je n'ai pas une idée qui ne me porte à la confiance & à l'efpoir; & ſans ces deux appuis, j'errerois triſtement ſur un océan d'incertitude & de terreur. Le Miniſtre doit avoir bien de la peine lui-même entre

tant d'écueils, &, ce qu'il y a de pire ;
au milieu de tant de perfonnes qui crai-
gnent moins le naufrage que le nocher.
Cela me contrifte, me confterne. Votre
Lettre, Monfieur, en m'affligeant, m'inf-
pire cependant pour vous une plus vive
eftime. Vous ne montrez pas, vous dé-
ployez vos penfées. Sans réfiftance, point
de reffort, fans reffort, point d'énergie.
La vôtre m'enchante, & je fuis perfuadé
que, lorfque vous ferez plus près des
objets, & plus maître des inftrumens, vous
reconnoîtrez qu'ils agiffent les uns fur les
autres, & forcent la main la plus ferme.
Agréez, Monfieur, tous mes hommages.

RÉPONSE DU COMTE DE MIRABEAU.

Ce 5 Janvier 1789.

OH ! pour le coup, Monfieur, c'eft être
trop extatique, & vous ne vous fauvez
que par la foi. Que M. Necker foit un
Saint, fi vous le voulez abfolument ; mais
qu'il ne foit pas un Sage ; car il ne l'a

pas été lorfqu'il a pofé fes principes ; ou il a ceffé de l'être lorfqu'il les a démentis.

D'ailleurs, vous n'êtes pas au courant de la queftion, & tout l'efprit du monde ne fupplée pàs les faits. Jamais il n'y eut plus d'argent à Paris, quoique la méfiance l'y refferre : jamais la fatale induftrie de l'Agiotage n'a plus fait affluer le numéraire dans la Capitale : jamais on ne prit un plus fûr moyen d'en arrêter la circulation, d'en tarir les fources qu'en faifant du Papier-monnoie : jamais on ne connut moins les véritables fources du crédit que M. Necker ; cela a été arithmétiquement démontré : jamais on ne fut moins dextre & moins fécond en expédiens; & les troubles des Provinces ne fuffent-ils pas fomentés, il faut convenir de bonne-grace que l'apologie eft bien foible qui contrarie l'Expofé du Miniftre même que vous défendez. *Son opération n'étoit pas néceffitée par des circonftances irréfiftibles,* puifqu'il affure que la Caiffe-d'Efcompte *pouvoit reprendre fes paiemens ;* & le *Caton* qui a mis à fonds-perdus tous les principes &

les revenus de la Monarchie; le *Caton*
qui a infecté l'Europe de rentes viagères
& de mœurs viagéristes; le *Caton* qui a
loué ou proscrit, selon les circonstances
particulières, les mêmes opérations & les
mêmes hommes; ce *Caton* a montré, il
faut l'avouer, peu de *constance*, s'il s'est
laissé *arracher* par des Banquiers, qui déja
deux fois ont versé la banque de secours,
un Arrêt extravagant autant qu'inique. Je
ne sais si *toutes les têtes tourneront plutôt
que la sienne ne variera;* mais je sais qu'il
seroit aisé de vous montrer que M. Necker,
comme Administrateur - Financier, se
montre irrésolu, fluctuant, versatile, &
que son système paroît être précisément
l'indécision. Sur le tout, on ne peut plus
en finances se payer de mots, de secrets,
de *mystères.* Qui dit crédit, dit confiance,
& la confiance exclut le mystère. Croyez-
moi donc, Monsieur, que votre Thauma-
turge recoure à d'autres argumens pour
sauver son infaillibilité, & faire passer la
transubstantiation politique, par laquelle il

prétend forcér les hommes à prendre du papier pour du métal.

Quoi qu'il en foit, je vous le répète, la défiance eft d'ici à long-temps le devoir des bons Citoyens ; & certes, quand vous aurez réfléchi à la doctrine ambigue de M. Necker, fur le mode d'opiner ; quand vous vous ferez demandé à vous - même ce qu'auroit fait de plus un Miniftre qui, fe voyant arracher la bonne proportion, & la cédant comme une conquête de l'opinion publique, auroit voulu raffurer les Princes, les Magiftrats, les Arifto-crates, vous verrez que, même en matière d'*Etats-Généraux*, nous en fommes au *non liquet.*

Ah ! Monfieur ! laiffons au Peuple, de toutes les claffes, l'enthoufiafme ; tenons-nous dans la mefure du *nil mirari* d'Horace, entendu dans fon vrai fens ; & n'oublions pas que l'imprévoyante reconnoiffance a plus enchaîné de Peuples que la défiance vigilante n'en a fauvés. J'ai dit, quelque part, pardon de me citer ; mais j'ai bien

dît : *Malheur, malheur aux Peuples re-*
connoiſſans ! ils cèdent tous leurs droits à
qui leur en a fait recouvrer un ſeul ; ils
ſe forgent des fers ; ils corrompent, par
une exceſſive confiance, juſqu'au grand
homme qu'ils auroient honoré par leur in-
gratitude. Voilà, Monſieur, ſelon moi, la
politique des hommes libres.

LETTRE DE M. C***.

Ce 5 Janvier 1789.

PERMETTEZ-MOI de vous dire, Monſieur,
qu'entre nous deux, nous devons faire
une balance : je mets, d'un côté, les
poids de l'enthouſiaſme ; vous mettez, de
l'autre, ceux de l'improbation. J'avoue
que votre manière a l'air plus libre, mais
non plus juſte. Un admirateur reſſemble
plus ou moins à un fanatique, un con-
tempteur paroît quelquefois un peu bar-
bare. Le ſalut public, dites-vous, dépend
plus de la défiance que de la crédulité.

Oui, jufqu'à un certain point ; car l'excès de la défiance eft la plus funefte difpofition ; elle précipite dans les calamités, au lieu d'en détourner ceux qui ne fe croient jamais en bon chemin. Quel crédit peut fe foutenir devant un Peuple fans ceffe effrayé ? Vous faites, Meffieurs, en ce moment, pardonnez-moi la comparaifon, la même chofe que faifoient les Prêtres à la renaiffance de la Philofophie. Vous la forcez, tantôt à fe cacher, tantôt à fe démentir, tantôt à être tremblante, tantôt à être extrême. Car enfin, d'où naît la frayeur qui refferre l'argent, qui intimide la raifon, qui donne aux efprits modérés une contenance prefque pufillanime ? — de la rage des partis qui chacun accufe l'autre de foibleffe, de trahifon. Ecoutez les complices de M. de Calonne : lui feul connoiffoit les affaires & les hommes, & cependant il a perdu les unes, & s'eft laiffé bêtement perdre par les autres. Ecoutez les damnés de l'Archevêque de Sens ; c'étoit l'ame la plus pure & la mieux intentionnée, & cependant il entasoit sur lui la fortune , & sur nous les chaînes. Ecoutez les adversaires de M. Necker : il trompe & ruine l'Etat , & cependant ceux qui parlent Finance sont ses écoliers, & l'Etat n'a prospéré que lorsqu'il l'a régi tranquillement. A présent, il feroit descendre du Ciel chaque parole qu'il prononce, & chaque Réglement qu'il fait, qu'on s'éleveroit contre. Les têtes ne se croient fortes qu'en se choquant entr'elles. Je vous excepte, Monsieur, de la foule de ses détracteurs. Quoique vous soyez le plus véhément de tous, vous n'êtes ni violent ni absurde ; & je suis sûr que, sans vos extrêmes défiances, & peut-être vos justes ressentimens, vous le jugeriez mieux. L'homme qui a souveraine-ment l'esprit d'ordre & le calcul des Fi-nances, ne peut tomber dans les erreurs grossières que vous lui reprochez. Je m'en tiens au principe de Burke : « Celui qui » est irréprochable dans sa famille, est un » homme désigné pour les places publi-» ques. » Je m'en tiens au principe de Sully : « Je gouverne les affaires de la

» France, difoit-il, comme j'ai gouverné
» les miennes. » Mais je ne veux pas dif-
puter plus long-temps avec vous : quelque
charme que je trouve à vous lire & à vous
répondre, j'ai peur de dire quelque chofe
que votre méfiance prenne en mauvaife
part ; elle auroit grand tort. J'aime, je
refpecte votre énergie, & je penfe que vous
préférez d'être un Héréfiarque fublime à
être un Philofophe impartial.

L'autre jour, dans ma chambre, un
homme très-important déchiroit à belles
dents le *Réfultat*. Devinez, Monfieur,
quel homme j'aurois voulu avoir pour le
réfuter ? Vous même. Ah ! fi vous enten-
diez parler vos valets, vous les chafferiez
de votre école.

Réponse du Comte de Mirabeau.

Ce 6 Janvier 1789.

Expliquez-moi, Monſieur, je vous prie, lequel fait plus ou mieux le Prêtre, de celui qui dit : *voici les faits, répondez ;* ou de celui qui s'écrie : *croyez & ne diſcutez pas.* Voilà préciſément ce qui ſe paſſe entre nous, & j'ai cet avantage qu'en vous dénonçant le papier-monnoie, je combats cette opération par les principes mêmes de votre Héros.

A cette mortelle attaque, que répondez-vous ? *L'Homme qui a ſouverainement l'eſprit d'ordre & le calcul des finances ne peut tomber dans les erreurs groſſières que vous lui reprochez.* Eh ! Monſieur, prouvez qu'il n'y eſt pas tombé, au lieu de mettre en fait ce qui eſt évidemment en queſtion, à ſavoir : *qu'il n'y peut pas tomber, parce qu'il a ſouverainement l'eſprit d'ordre & le calcul des finances.*

Vous croyez le juſtifier, en parlant de

la frayeur qui refferre l'argent, & vous en tirez un argument contre la défiance que dans la crife où nous fommes, je regarde comme le *palladium* de nos libertés. Mais, Monfieur, d'où naît *la frayeur qui refferre l'argent ?* Ce n'eft ni *la rage des partis*, ni *la puiffance des élémens déchaînés contre la France & ligués avec les factions* qui l'ont produite. Ce n'eft pas même la calamité dont vous me paroiffez fi effrayé, & qui, dites-vous, a fait refluer l'argent vers les campagnes ; car cela n'eft malheureufement vrai en aucun fens ; & cette révulfion, fi elle exiftoit, feroit bénir aux vrais hommes d'Etat, & l'intempérie des faifons, & les météores les plus deftructeurs. Je vous dirai qu'elle en eft la véritable caufe ; mais il faut diftinguer.

Parlez-vous de la mauvaife fituation du crédit ? elle tient uniquement à ceci. La France ne peut plus fe paffer d'un crédit national. Un crédit miniftériel quelconque ne fauroit plus lui fuffire. A plus forte raifon, quand le Modérateur des Finances évite avec affectation de parler de la foi publique,

publique ; de l'adoption de la dette publique, de l'influence certaine de l'esprit
public pour la liquidation des engagemens
publics, qui paroîtront peu de chose le
jour où nous serons constitués. Vous êtes
donc dans un cercle vicieux, quand vous
dites : *ne vous défiez pas , & tout ira bien.*
Car rien n'ira sans une constitution, &
c'est pour le grand œuvre de la constitution qu'il faut se défier de tout. ... Ce
n'est point - là de la verve d'*Heréfiarque* ,
Monsieur, c'est de la pure & simple logique.

Parlez-vous de la rareté de l'argent ?
Rien ne la produit, Monsieur, comme
la présence du papier - monnoie ; car le
premier & inévitable effet de toute création de Papier-monnoie , est la disparition
du numéraire. Evaluez, comme vous vou-
drez, la cause ou la mesure du resserrement
des espèces en tout ce qui avoit rapport
aux affaires publiques, du moins la circulation & les secours pouvoient exister
jusqu'alors de particulier à particulier ; &
celui qui auroit manqué de confiance dans

les effets royaux pouvoit prêter fon argent à fon voifin folvable. Mais n'eft-ce pas condamner les efpèces à ne pas voir le jour, & mettre le fcellé fur la caiffe de tout Capitalifte raifonnable, que de lui montrer, que s'il a une fois la folle témérité de livrer fes écus contre les meilleures fignatures du commerce de France, ils ne lui rentreront plus que fous la forme de ces méprifables billets dont M. Necker faifoit de l'argent, au moment même, & par la caufe qu'on ne pouvoit plus les payer, ces billets, dont la redoutable fabrique repofe dans les innocentes mains des Adminiftrateurs de la Caiffe-d'efcompte, fans bornes, fans furveillance, fans caution autres que cette étrange *circonfpection* qui nous donne aujourd'hui, pour la troifième fois, le fcandale du papier-monnoie ?... Vous êtes donc encore dans un cercle vicieux, quand vous expliquez la néceffité du papier-monnoie par la rareté des efpèces qu'a produit la défiance engendrée par le papier-monnoie.

Je le fens, Monfieur, cette déduction

'eſt contrariante ; car elle explique tous les ſuccès de M. Necker ſans l'intervention d'aucun miracle. Il eſt aiſé de concevoir pourquoi les lettres de l'alphabet vont plus vîte à l'Hôtel-de-Ville , & pourquoi la cotte des effets publics devient plus brillante , quand on réfléchit que le balancier bannal de la Caiſſe-d'eſcompte ſuffit à tout. Mais tels ſont les faits : ce n'eſt point par *reſſentiment* contre M. Necker que je les expoſe ; car je ne ſuis point en reſte avec lui ; toute rancune ſeroit donc ſans objet ; & ſi j'ai donné la véritable explication des faits ; ſi les conſéquences que j'en ai déduites ſont démontrées , de quel droit me reprocheriez - vous , Monſieur , d'être ou de n'être pas de l'école de M. Necker? *Tous ceux qui parlent finance ſont ſes écoliers* , dités - vous. Je ne m'en doutois pas. Mais d'abord Newton & Lagrange ont appris , dans de très - mauvais Ouvrages peut-être , la géométrie élémentaire ; & M. Necker lui-même , de notoriété publique , eſt de l'école de l'Abbé Terray. Cependant mettant à part l'économie poli‹

tique que M. Necker n'a pas la prétention
de favoir, à ce que je m'affure, pour me
renfermer dans la finance proprement dite,
expliquez-moi donc, je vous prie, fi celui
qui a fondé la Caiffe d'amortiffement, par
exemple, contre laquelle M. Necker a
écrit de fi grandes & de fi coupables abfur-
dités, eft de fon école ? Si, moi indigne
qui ai dénoncé à l'Europe les fuites fatales
de fon fyftême des emprunts fans impôts,
lequel n'a plus de partifans que parmi les
aveugles-nés, je fuis fon difciple ? Si,
quand je l'ai averti qu'il ne favoit pas les
premiers élémens de la théorie des mon-
noies, j'étois fon difciple ? Si, quand j'ai
dépecé fes emprunts, & démontré, par
l'inexpugnable logique de Barême, qu'ils
devoient être comptés au nombre des plus
chers & des plus onéreux qu'ait fupportés
la France, c'étoit à fon école que j'allois
me former ? Dites-moi, fur-tout, car il
faut en revenir à mon premier argument,
tant il eft invincible ; fi de ce que je ferois
fon écolier, il s'en fuivroit que je ne puffe
pas avoir raifon contre lui ?

Au fait, Monfieur, de quoi eft-il queftion entre nous ? Du Papier-monnoie. Or,
quand vous dites que M. Necker *ne peut
tomber dans les erreurs groffières que je lui
reproche*; ce n'eft pas le fait du Papier-
monnoie que vous conteftez ; car l'Arrêt
exifte, & la Loi s'exécute. C'eft donc l'erreur
que vous niez ? Eh bien ! Monfieur, fi les
obfervations que je viens de vous faire ne
vous fuffifent pas, fi vous voulez le principe au lieu des difcuffions de détail,
écoutez-moi. Voici qui n'eft pas de l'école
de M. Necker, ni même de l'école de la
Finance ; c'eft de la pure & éternelle na-
ture des chofes, c'eft de la fimple & immuable raifon ; vous en êtes donc juge
compétent.

La Providence, qui deftinoit l'homme
à l'activité, n'a pas voulu qu'il y eût une
richeffe poffible qui ne fût le prix & le
produit d'un travail proportionné. Ce travail, il eft vrai, n'eft pas toujours fourni
par le propriétaire même des richeffes qui
le repréfentent ; mais s'il n'a pas été fourni
par lui, il a été fourni pour lui. Toute

la théorie des valeurs n'eſt fondée que ſur
ce ſeul principe , & celle des métaux précieux y eſt auſſi ſévèrement aſſujettie que
toutes les autres.

Quand on réfléchit à tous les genres
de riſques , de frais, de travaux, de con-
ſommations, dont il faut le concours pour
tirer des mines les matières métalliques ,
& les convertir en eſpèces courantes , on
conçoit bien qu'une once d'argent ſoit l'é-
quivalent de cinq à ſix journées du travail d'un homme de peine. Toutes les autres
valeurs s'apprécient par une ſemblable meſure. Mais quelle ſera la valeur d'un ſtérile
Papier qui n'offrira nul moyen certain de
converſion en argent ? Ne vaudra-t-il auſſi
que le travail qu'il en aura coûté pour le
produire ? En ce cas, il ne repréſentera
rien , abſolument rien.

Voilà, Monſieur, pourquoi le Papier-
monnoie eſt un fatal preſtige , une décep-
tion coupable, un très-grand mal au phy-
ſique & au moral. Voilà pourquoi la force
& le ſuccès d'un Papier-monnoie ſont im-
poſſibles. Voilà pourquoi la vertu, le pa-

triotifme , le dévouement même des Amé-
ricains, n'ont pu opérer cette tranfmuta-
tion miraculeufe. Leurs courageux citoyens
ont foutenu les rigueurs de la guerre &
des faifons , & chaffé les tyrans ; mais ils
n'ont pu foutenir un Papier-monnoie.

Defcendez, Monfieur , du principe aux
détails , & c'eft alors que vous verrez, à
l'éternelle honte des Sophiftes , qu'un Papier-monnoie eft un fléau véritable ; qu'il
renverfe toutes les combinaifons de la raifon , de la prudence & de la juftice ; rend
incertaines toutes les valeurs , fappe tous
les fondemens de la propriété , & qu'inf-
titué en France au milieu de deux mil-
liards & demi d'efpèces monnoyées , il ne
peut être envifagé que comme un foyer
de tyrannie , d'infidélité & de chimères ,
une véritable orgie de l'autorité en délire.

Je ne développerai pas , Monfieur ,
toutes les conféquences de l'opération de
M. Necker , non-feulement parce que je
n'écris qu'une lettre , mais encore , parce
qu'ainfi que je l'ai dit ailleurs , la sûreté
publique exige qu'on ne donne point une

décompofition trop exaƈte des poifons.
Souvenez - vous feulement que toute la
magie des tours de gobelets confifte dans
le mouvement & la prefteffe ; que bientôt
le Papier-monnoie prendra une autre forme,
& que vous le verrez fortir de la gibecière
fous la figure d'un emprunt.

Ne vous hâtez donc pas , Monfieur, de
parler *des reffources qui répareront toutes
les conféquences fâcheufes du Papier-monnoie.* Ne comprenez-vous pas qu'elles feront criminelles en raifon de leur fuccès,
fi elles rendent le Miniftre moins dépen-
dant de la Nation ? & qu'on ne fauroit
vous accorder en morale, qu'un crime
commis dans un efpoir d'utilité éphémère,
& la certitude d'une réparation à venir,
en doive moins être regardé, comme un
crime ?

. Gardez-vous encore de vous retrancher
dans des comparaifons & des exemples ;
car c'eft ici que M. Necker eft entiére-
ment fans excufe. Vous ne me foupçon-
nez pas , je crois, d'être partial pour M.
de Calonne. L'Auteur des cinq dernières

,pages de la Dénonciation de l'agiotage , eſt trop abſous de ce reproche ; mais cela même lui impoſe le devoir d'être plus ſtrictement équitable envers l'homme qu'il a frappé. Rappellez-vous l'époque de 1783. M. de Calonne auſſi trouva le Tréſor-Royal vuide , la Caiſſe-d'eſcompte en faillite , le crédit enſéveli ſous des ruines. Ce Miniſtre n'étoit rien moins que populaire ; ſon avènement excita plus de terreurs que d'acclamations. Que fit-il ? il eut le courage , le mémorable courage de croire l'homme qui , armé d'un principe , oſa prendre en pitié les terreurs paniques dont il étoit inveſti , ſoutenir à tous les gens-d'affaires de la Capitale , qu'ils n'entendoient pas leurs propres intérêts , & rétablir , ſans préparations , ſans modifications, ſans délais, ſans réſerve , la Caiſſe-d'eſcompte dans l'intégrité de ſes payemens. Et ſoudain , comme ſi la baguette d'Armide eût été en ſa puiſſance , la Banque de ſecours renaquit, les eſpèces reparurent, le crédit s'élança avec une vigueur nouvelle, & un immortel exemple prouva que toute-efpèce de Papier-monnoie, envifagé comme reffource, ne peut être qu'une illufion, une chimère, un phantôme que diffipent les premiers rayons du jour.

Telle eft, Monfieur, la force des princi-pes. Croyez-moi, fans cette bouffolle, notre vue eft miope, lorfqu'elle veut embraffer l'enfemble des chofes humaines. Le prin-cipe feul en ferre tous les détails, fup-plée aux exemples, foudroie les objections. Le principe, défenfeur invincible de qui lui refte fidèle, réfifte à tous les chocs : confolateur fecret, il eft plus puiffant que la multitude & la renommée, & fans compter les fuffrages, il l'emporte feul fur tous les avis.

Encore une fois, au défaut du principe, M. Necker avoit les exemples, pourquoi les a-t-il dédaignés ? Pourquoi fes amis dé-daignent-ils de répondre ? Pourquoi n'ont-ils d'armes qu'un fanatifme qui dépareroit la caufe de la vérité même ? Pourquoi penfent-ils que ces mots : le caractère de M. Necker, la pureté de M. Necker, les vertus de M. Necker doivent glacer nos lèvres , paralyſer notre raiſon ? *Celui qui eſt irréprochable dans ſa famille , eſt un homme déſigné pour les places publiques ;* dites-vous d'après M. Burke. Je ne me mêle des affaires de famille de perſonne , Monſieur ; je tiens pour maxime , que nul ne doit compte de ſa morale privée qu'à ceux avec leſquels il a des rapports privés ; mais que chacun doit à tous compte de ſa morale publique , & je vous demande , ſi M. Burke , malgré ſon axiôme , ne fut pas toujours l'ardent ami , l'indomptable partiſan de Fox. Pitt avec ſa vertueuſe innocence , Pitt régénérateur des finances Angloiſes , & celui qu'à auſſi juſte titre qu'aucun autre , on peut appeller l'homme de ſa Nation , Pitt a des dettes immenſes , il n'a cependant pas douze mille livres tournois de rente , & c'eſt-là ſans doute une belle partie de ſa gloire. *Je gouverne les affaires de la France comme j'ai gouverné les miennes ,* diſoit Sully que vous citez. Sans doute , ce grand homme , brûlant de remplir la tâche impoſſible de faire à lui ſeul le bonheur de pluſieurs millions d'hommes, cherchoit à croire ; pour ne. pas fe rebuter des obftacles, que l'ame d'un vrai citoyen pouvoit éduquer un Empire, comme un père une famille. Mais j'ai bien peur que cet adage ne fût une fottife, même du temps de Sully ; & je ne comprends pas comment un homme d'un efprit auffi diftingué que le vôtre, répète aujourd'hui un lieu commun auffi infignifiant ; car enfin, prouverez - vous par - là que le plus pur des anachorètes, ou le meilleur des économes, ou le plus riche des déprédateurs, fuffent inconteftablement *les mieux défignés pour les places publiques ?*

Que M. Necker fe tienne toujours prêt à rendre compte de fes principes publics, & qu'il ne fe targue plus de fa morale privée. Nul n'a droit de lui demander ce qu'il eft pour fa femme, pour fa fille, pour fes amis ; mais tout le monde a droit de trouver mauvais, par exemple, que, page 4 de fon *Rapport*, il conclut de ce que l'ancienne Conftitution où les anciens ufages *autorifent* les trois Ordres à délibérer féparément, que la queftion du nombre respectif des Députés, est peu intéressant; car c'est infiniment mal conclure, puisqu'il faudroit, pour que la conséquence fût vraie, que la Délibération séparée fût, non-seulement *autorisée*, mais *exigée*, mais *nécessaire*. Tout le monde a droit de trouver mauvais, qu'ensuite il suppose la nécessité de la séparation des Ordres, & il la suppose, puisqu'il décide nettement, que la réunion des Ordres dépend du *vœu distinct* des trois Ordres, ce qui ne seroit vrai qu'autant que les trois Ordres ne pourroient se dispenser de commencer leur Délibération en chambres séparées. Tout le monde a droit de trouver mauvais, passant de la page 4 à la page 10, d'y voir, que l'*ancienne Délibération par Ordre*, ne peut être changée que par le concours des trois Ordres, & par l'approbation du Roi, puisque cela suppose encore, contre la vérité, que l'ancienne Délibération étoit toujours par Ordre; & M. Necker y joint une hérésie de plus, en soumettant la police des Etats-Généraux à toute autre règle que celle de leur propre décision.

Tout le monde a droit de trouver mauvais, qu'à la page 12, M. Necker annonce
clairement qu'on ne peut en venir à une
Délibération par tête qu'après avoir épuisé
tous les moyens d'obtenir un résultat par
la voie des *Ordres séparés* ; & que même
il suppose que cette Délibération, en
commun, ne peut être établie que du
commun accord des Ordres *sollicités* par
l'intérêt public. Ajoutez, qu'à la page 13 ;
M. Necker met au grand jour son plan
de conciliation, en disant, que le vœu
général des *Communes*, peut être satisfait
sans nuire aux intérêts des deux autres
Ordres. Or, ces expressions signifient bien
clairement qu'on délibérera par Ordre; &
cela, tout bon Citoyen a droit de le
trouver détestable ; tout bon Citoyen a le
droit & le devoir de s'indigner, que, sans
oser dire que la Délibération séparée soit
la seule constitutionnelle, M. Necker ait
eu évidemment intention de décider qu'on
doit délibérer séparément, prétendant tran-
siger ainsi avec les deux partis, & paroître

faire gagner la cauſe du Tiers en la lui faiſant perdre.

Voilà, Monſieur, comment il ſeroit
poſſible & certainement utile d'analyſer
tout le Rapport de M. Necker, & ſes
ſeuls fanatiques s'en fâcheroient; car enfin,
il n'eſt pas impoſſible, qu'après cette dif-
cuſſion, le Miniſtre ſe trouvât encore
avoir raiſon. Et que doivent deſirer de plus
ſes amis ? Le plus vertueux & le plus
éclairé des défenſeurs du Peuple, qui ſe
ſoit produit juſqu'ici ſur la ſcène, me
diſoit tout-à-l'heure : Une réflexion me
frappe de plus en plus, à meſure que je
la mûris davantage. Le Tiers - Etat eſt
formé de tant de gens ſans vigueur, de
tant de campagnards accoutumés à la féo-
dalité , de tant de citadins qui ne penſent
qu'à l'argent, de tant d'eſprits bourgeois qui
ne ſongent qu'à retirer quelques fruits des
protections & du patronage de Meſſieurs
tels, ou tels.... que je tremblerois, ſi l'ouver-
ture des Etats les plaçoit en même Chambre avec nos Seigneurs de toute eſpèce ;
& je me ſens tout près de deſirer que le

foible Tiers - Etat fe renferme dans fa Chambre, s'échauffe, s'irrite, s'opiniâtre, & reçoive le fecours de la colère contre le *veto* des Chambres hautes, avant d'en venir à une Délibération où fe compteront toutes les voix.... Qui fait fi M. Necker ne s'avifera pas que c'étoit-là fa penfée, & que toute fa *battologie* nébuleufe & vacillante, n'eft qu'une fraude pieufe, *un art vertueux & magnanime ?*

En voilà beaucoup trop, Monfieur; pour un homme dont l'enthoufiafme ne fouffre pas même le doute. Mais j'ai voulu vous montrer que ce n'étoit pas pour être le promoteur d'un avis particulier, que je proférois des objections fur l'Adminiftration de M. Necker, & que ma confcience aujourd'hui, comme dans tous les temps, étoit d'accord avec mon langage. Je ne croyois pas, je l'avoue, avoir donné le droit à perfonne d'en douter. Je ne croyois pas que j'euffe montré plus de vocation pour le métier de novateur, que pour la fainte miffion d'inflexible ami de la vérité... Je me réfume en deux mots.

Quoique

Quoique M. Necker n'ait, en accordant la bonne proportion, que cédé aux réclamations universelles, provoquées par les États du Dauphiné, dont il n'a pas, ce me semble, inventé la Constitution, je le tiens pour très-louable de nous avoir obtenu la proportion qu'exigeoit, tout au moins, l'équité que réclamoit la convenance, s'il nous l'a donnée de conviction & dans la ferme & invincible résolution d'avoir une Assemblée, un vœu vraiment National.

M. Necker n'est pas net sur la plus importante des questions, celle d'opiner par Ordre ou par tête; ou plutôt il paroît incliner pour le mode d'opiner par Ordre, ce qui rendroit la bonne proportion inutile, & la régénération de la France impossible.

M. Necker vient de commettre, en Finance, une faute irrémédiable, la plus grande, peut-être la plus sérieuse dans ses conséquences, la plus déshonorante pour le Gouvernement François, à raison de l'homme & des circonstances, qui ait

été commife depuis l'Abbé Terray ; &
l'extrême contradiction où l'opération du
Papier-monnoie met M. Necker avec fes
propres principes, confirme le foupçon
dont une telle manœuvre eft trop digne,
qu'il voudroit rendre, ou impoffibles, ou
inutiles, ou efclaves les Etats-Généraux.

On ne peut rien nier, on ne peut rien
affirmer fur les intentions de M. Necker ;
mais la défiance eft de devoir....

Ces vérités, fi elles fe répandent, (&
j'entends dire que notre Correfpondance
fait du bruit, que des réponfes fi hâtées, fi
incorrectes, fi imcomplètes à des Lettres
que je n'avois en aucune manière provoquées, circulent & me font de puiffans.
ennemis.) Ces vérités, fi elle fe répandent, exciteront de grandes clameurs ;
mais duffent ces clameurs me coûter de
n'être pas un des Repréfentans de la Nation,
tout en reffentant très-profondément ce
malheur, je m'en confolerois en difant : *J'ai
fervi fans gages, le temps fera juftice à
tous.*

LETTRE DE M. C***.

Ce 6 Janvier 1789.

MA Lettre d'hier m'a laiffé un remords. Il me femble qu'en vous répondant, Monfieur, j'étois plus occupé à me défendre qu'à m'expliquer. Permettez donc que je revienne à votre difpute, & que je déclare ma penfée dans toute fa franchife.

Notre petit débat roule fur deux objets; fur le degré d'eftime qui eft due à M. Necker, & fur la mefure de défiance qui convient à un patriote éclairé.

Tout ce que vous reprochez à M. Necker, à fon *orgueil*, à fon *defpotifme*, à fa *prefcience*, à fon *omnifcience*, ne me femble prouver qu'une chofe, votre oppofition inflexible, votre averfion immuable, dans laquelle votre génie même contribue à vous affermir. La moindre faute de l'Adminiftration vous paroît monftrueufe, parce que vous y appliquez les grands

D 2

principes qui font toujours rigoureux, &
que vous ne regardez pas aux circonftances
qui demandent grace. Par exemple, vous
blâmez comme un crime d'Etat le crime
du moment. On ne peut emprunter, on
ne peut impofer, on ne peut percevoir ;
on eft forcé de payer, on eft obligé de
fecourir toutes les Provinces. On fait
qu'une faction impitoyable eft prête à affié-
ger la Caiffe - d'Efcompte, afin de faire
fauter avec elle le Tréfor - Royal & le
Miniftre. Dans cette fituation, la prévoyance doit remédier au danger, & ménager la caiffe, l'argent & le crédit. Mais
c'eft perdre le crédit : — il eft tout perdu.
Mais c'eft tarir la confiance : — elle eft à
fec. Mais c'eft empêcher l'argent de fortir
& de circuler: — cette congellation durera
jufqu'aux Etats-Généraux. C'eft un miracle, quoique vous en puiffiez dire, que le
Tréfor-Royal ne foit pas fermé. M. Necker
eft le feul homme capable de le tenir ouvert encore. Tout tomberoit s'il tomboit
de fa place. Connoiffez-vous, Monfieur,
dans l'Europe entiere, un homme en état

de le suppléer? Pour moi, je le regarde comme le seul Ministre qui aime la Nation; qui craigne la banqueroute, qui ait de vastes lumières, & une conscience vraiment religieuse. Il ne donne rien aux visions; & s'il donne quelque chose au hasard, c'est après le lui avoir disputé de toute sa force. Comment pouvez-vous, Monsieur, avec la vive perspicacité qui vous distingue, ne pas appercevoir un grand caractère au milieu même d'une grande incertitude? Les Prêtres sacrifioient sans peine les hommes. La Philosophie tremble alors qu'elle est forcée de sacrifier le présent à l'avenir, ou l'avenir au présent.

Quant à la mesure de défiance qui convient à un Patriote éclairé, j'avoue, Monsieur, que je pense comme vous. J'applaudis à votre maxime sur le péril de la reconnoissance populaire. J'avois remarqué, dans votre éloquent Discours à la Hollande, la noble & vive apostrophe que vous citez à la fin de votre Lettre. La défiance qui veille, est une sentinelle publique ; elle peut caufer quelquefois de vaines terreurs ; mais elle effraie encore plus les Tyrans que les Citoyens. Elle empêche la léthargie du bonheur, & tempère l'ivreffe des fuccès. Mais il y a une borne à tout, même à la vertu, & particulièrement au zèle. L'ours qui tue avec une pierre maffive, fur le vifage de fon ami, une fimple mouche, eft un exemple au zèle immodéré. Rouffeau, qui croyoit toute la France liguée pour l'empoifonner & le diffâmer, eft un exemple du génie troublé par la méfiance exceffive. Cet excès-là devient une maladie particulière, & quelquefois une contagion publique. Alors, tout s'altère, tout s'envenime, tout périclite. L'opinion fe tourne en haine ; & fe foulevant de toute part, elle croit tout chancelant, parce qu'elle voudroit tout ébranler. La difcorde marche après la défiance, & acheve de ruiner le peu de vertu qui refte. On n'entend plus que des dénonciations, des altercations, des calomnies affreufes, des prophéties finiftres. Toute confiance généreufe, toute douceur

(55)

ſociale eſt perdue, & l'Etat reſſemble à
Oreſte entouré de Furies.

Je vous prie, Monſieur, de me lire
avec indulgence, & de ſang - froid. Je
n'ajouterai pas ici des éloges qui ſemble-
roient mis pour ſéduire ou pour appaiſer.

Je vous ait dit, tant bien que mal,
ma penſée. Je l'ai, pour ainſi dire, retirée
de ma prévention, & rapprochée de la
vôtre, afin de la rendre plus équitable.
Mais voilà un nouvel inconvénient à
craindre : en ſe rapprochant de ſon adver-
ſaire, on a l'air de trop fléchir ; en s'écar-
tant de lui, on a l'air de ſe roidir beaucoup trop. Le milieu, qui eſt difficile en
toute choſe, ſemble impoſſible en fait
de diſpute. Si je ne gagne pas de terrein
auprès de vous, j'y gagne au moins des
lumières.

RÉPONSE DU COMTE DE MIRABEAU.

Ce 7 Janvier 1789.

JE ne répondrai pas, Monsieur, en détail à votre dernière Lettre; d'abord, parce que je ne puis plus différer de partir; ensuite, parce que vous désarmez ma sévérité, en passant condamnation sur la plupart des fautes que je reproche à M. Necker, & vous retranchant seulement dans cette défense, que les circonstances les ont nécessitées.

Qu'il me soit permis seulement de vous obferver, que vous me donnez le droit de vous dire : puifque vous avouez des fautes, ne prétendez donc pas aux honneurs de l'apothéofe, car rien n'eft plus humain que les fautes.

Encore une fois, M. Necker veut paffer pour faire des miracles, & il ne fait que des tours, & il ne fait pas les bons. N'eft-il pas évident que s'il eût été d'accord avec cette vertu qu'il a toujours à la bouche, cette loyauté qu'il ne permet pas qu'on foupçonne, ce caractère qui doit nous être caution de tout, il auroit, au lieu des fauffes opérations que je critique, adopté les reffources fur lefquelles il a fait un chapitre entier dans fon Ouvrage de l'Adminiftration des Finances, (Chap. 24 du troifième volume, édition in-8°.) *Développé les difficultés du moment, raffuré cependant fur l'état des Finances, & ouvert l'emprunt patriotique dont il propofoit de dépofer les regiftres aux archives du Louvre comme un monument précieux de l'amour des peuples ?* Tout ceci étoit encore bien dans fon genre ; & comme la force & les miracles lui reftoient toujours, il avoit le temps de mettre en délibération, fi tout homme ne pouvant que ce qu'il peut, il ne valoit pas mieux, pour lui-même & pour la France, perdre fa place, que de l'avilir en faifant du Papier-monnoie.

Mais comme avec vous, Monfieur, je ne veux pas fortir des leçons de finance données par M. Necker lui-même, permettez que je laisse à ses successeurs, ou plutôt aux bons Citoyens qui, dans l'Assemblée nationale, veilleront sur la chose publique, à vous apprendre le reste.

Que cette discussion, Monsieur, ne laisse pas la plus légère amertume entre nous, & veuillez agréer mes sincères hommages.

LETTRE DE M. C***.

Du 7 Janvier 1789.

J'ABANDONNE, Monsieur, le champ de bataille, mais sans y laisser des morts. Je remporte mon opinion, & vous, remportez la vôtre. Si la dispute a des charmes & de l'utilité, c'est lorsqu'elle est un combat d'idées, & non une bataille d'orgueil ou d'intérêt. Je n'en ai aucun, je vous jure. Je crois que vous êtes également au-dessus de toutes les misères de l'amour-propre & de toutes les folies des cabales & des partis. Votre génie est un peu colère & méfiant; mon esprit est un peu enthousiaste & par fois exagéré ; paffez-moi la rhubarbe , & je vous paffe le féné. Vous verrez , dans mon mémoire fur le Clergé , la manière loyale dont j'apprécie votre troisième volume de la Monarchie Pruffienne. Lorfque je fuis enchanté, mon ftyle emprunte un peu de magie des chofes ou des perfonnes qui l'enchantent. Je defire que vous foyez élu, & que la Nation vous entende. Le Tiers-Etat implore des appuis fermes & vigoureux qui réfiftent à la tyrannie infolente des Nobles aveuglés , & à l'adroite forfanterie des Prêtres dominateurs. Je vous feconderai de loin. Il eft fingulier que nous penfions de même fur tous les points , excepté fur deux ; fur celui qui nous a occupés dans nos Lettres, & fur la liberté illimitée du commerce. Je m'applaudis des opinions qui nous font communes : défions-nous tous deux de celles où nous différons trop.

J'ai eu l'honneur de vous envoyer un petit recueil de bagatelles. Mon Médecin m'avoit defendu de m'occuper des chofes

férieufes, & mon Imprimeur s'eſt emparé
des plaifanteries, tant bonnes que mau-
vaifes, dictées par le befoin de me dif-
traire. Je me fuis trop étendu fur l'exa-
gération ; mais on aime à parler de fes
défauts, & on ne peint bien que les paf-
fions qu'on éprouve. Je vous demande,
Monfieur, votre indulgence pour le muet.
Vous direz qu'il auroit mieux fait de refter
muet. Agréez mes hommages & mes vœux
pour vos fuccès, qui feront les nôtres.

F I N.